ÉCOLOGIE

EDUCATION™

UN LIVRE WELDON OWEN

© 2011 **Discovery Communications**, LLC.
Discovery Education™ et le logo **Discovery Education**
sont des marques déposées de Discovery
Communications, LLC, utilisées sous licence.
Tous droits réservés.

Conçu et réalisé par
Weldon Owen Pty Ltd
59-61 Victoria Street, McMahons Point
Sydney NSW 2060, Australie

Édition originale parue sous le titre
Earth in Peril
© 2011 Weldon Owen Pty Ltd

© 2012 pour la traduction française
Gallimard Jeunesse, Paris

© 2012 pour l'édition française au Canada
Les Éditions Petit Homme, division du Groupe Sogides inc.,
filiale de Quebecor Media inc. (Montréal, Québec)

03-12
Tous droits réservés
Dépôt légal : 2012
Bibliothèque et Archives nationales du Québec

ISBN 978-2-924025-04-8

POUR L'ÉDITION ORIGINALE
WELDON OWEN PTY LTD

Direction générale Kay Scarlett

Direction de la création Sue Burk

Direction éditoriale Helen Bateman

Vice-président des droits étrangers
Stuart Laurence

Vice-président des droits Amérique du Nord
Ellen Towell

Direction administrative des droits étrangers
Kristine Ravn

Éditeur Madeleine Jennings

Secrétaires d'édition Barbara McClenahan,
Bronwyn Sweeney, Shan Wolody

Assistante éditoriale Natalie Ryan

Direction artistique Michelle Cutler, Kathryn Morgan

Maquettiste Karen Sagovac

Responsable des illustrations Trucie Henderson

Iconographe Tracey Gibson

Directeur de la fabrication Todd Rechner

Fabrication Linda Benton et Mike Crowton

Conseiller Glenn Murphy

DISTRIBUTEUR EXCLUSIF :

Pour le Canada et les États-Unis :

MESSAGERIES ADP*

2315, rue de la Province
Longueuil, Québec J4G 1G4
Téléphone : 450 640-1237
Télécopieur : 450 674-6237
Internet : www.messageries-adp.com

* filiale du Groupe Sogides inc.,
  filiale de Quebecor Media inc.

Gouvernement du Québec – Programme de crédit
d'impôt pour l'édition de livres – Gestion SODEC –
www.sodec.gouv.qc.ca

L'Éditeur bénéficie du soutien de la Société de
développement des entreprises culturelles du Québec
pour son programme d'édition.

 Le Conseil des Arts du Canada
The Canada Council for the Arts

Nous remercions le Conseil des Arts du Canada de l'aide
accordée à notre programme de publication.

Nous reconnaissons l'aide financière du gouvernement
du Canada par l'entremise du Fonds du livre du Canada
pour nos activités d'édition.

Imprimé et relié en Chine

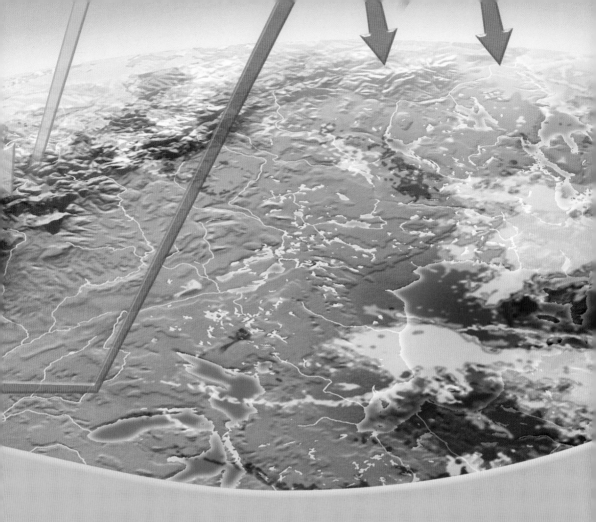

ÉCOLOGIE

Lesley McFadzean

petit homme
Une compagnie de Quebecor Media

Sommaire

Les changements climatiques 6

L'effet de serre 8

Les énergies fossiles 10

Les pluies acides 11

Des côtes menacées 12

La déforestation 14

Phénomènes extrêmes 16

    Les canicules 16

    Neige et pluies verglaçantes...........17

    Les inondations 18

    La sécheresse 19

Les énergies alternatives 20

À toi de choisir 22

Le recyclage des ordures 24

Ralentir le réchauffement 26

En savoir plus 28

Glossaire.. 30

Index 32

Les changements climatiques

L'homme a toujours été confronté aux inondations, aux cyclones, aux pluies torrentielles et aux canicules. Mais aujourd'hui, le réchauffement de la planète accroît la fréquence et l'intensité de ces phénomènes climatiques extrêmes dans de nombreuses régions du monde.

Le réchauffement climatique provoque aussi la fonte des calottes glaciaires et l'élévation du niveau et de la température des mers. Le réchauffement des océans a de graves conséquences sur le climat. Les nombreux cyclones en Amérique du Nord, par exemple, sont liés à la hausse des températures sur l'Atlantique.

AMÉRIQUE DU NORD

OCÉAN ATLANT

OCÉAN PACIFIQUE

AMÉRIQUE DU SUD

Forage d'une carotte glaciaire

Carotte glaciaire

LES ARCHIVES DU CLIMAT

On a pu retracer l'histoire du climat depuis 750 000 ans en forant des carottes glaciaires jusqu'à 3 625 m de profondeur. Les cernes de croissance des arbres gardent la trace d'événements climatiques vieux de 9 000 ans. Les chercheurs continuent à débattre de l'influence des cycles solaires sur le climat.

Les carottes glaciaires
Les scientifiques analysent les concentrations en gaz de l'air piégé entre les couches de glace.

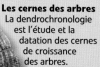

Les cernes des arbres
La dendrochronologie est l'étude et la datation des cernes de croissance des arbres.

Les taches solaires
Le nombre de taches sombres à la surface du Soleil, qui correspondent à des zones plus froides, croît et décroît selon un cycle de 11 ans.

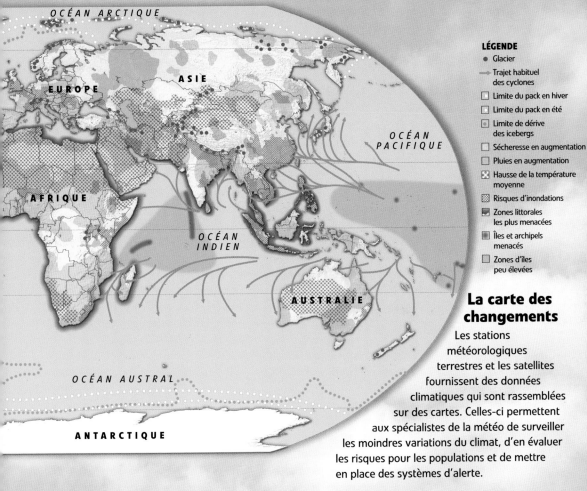

OCÉAN ARCTIQUE

ASIE

EUROPE

OCÉAN
PACIFIQUE

AFRIQUE

OCÉAN
INDIEN

AUSTRALIE

OCÉAN AUSTRAL

ANTARCTIQUE

LÉGENDE

● Glacier

⇢ Trajet habituel
des cyclones

☐ Limite du pack en hiver

☐ Limite du pack en été

⊡ Limite de dérive
des icebergs

☐ Sécheresse en augmentation

☐ Pluies en augmentation

▨ Hausse de la température
moyenne

▨ Risques d'inondations

◪ Zones littorales
les plus menacées

◨ Îles et archipels
menacés

☐ Zones d'îles
peu élevées

La carte des changements

Les stations
météorologiques
terrestres et les satellites
fournissent des données
climatiques qui sont rassemblées
sur des cartes. Celles-ci permettent
aux spécialistes de la météo de surveiller
les moindres variations du climat, d'en évaluer
les risques pour les populations et de mettre
en place des systèmes d'alerte.

La hausse des températures

La courbe de la température moyenne mondiale (en rouge sur le schéma ci-dessous) au
cours des 160 dernières années révèle une hausse constante des températures moyennes
depuis les débuts de l'utilisation des énergies fossiles et des moteurs à combustion.

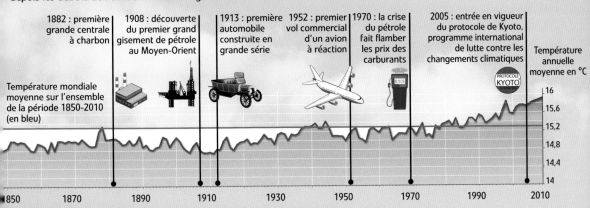

1882 : première
grande centrale
à charbon

1908 : découverte
du premier grand
gisement de pétrole
au Moyen-Orient

1913 : première
automobile
construite en
grande série

1952 : premier
vol commercial
d'un avion
à réaction

1970 : la crise
du pétrole
fait flamber
les prix des
carburants

2005 : entrée en vigueur
du protocole de Kyoto,
programme international
de lutte contre les
changements climatiques

Température mondiale
moyenne sur l'ensemble
de la période 1850-2010
(en bleu)

PROTOCOLE
KYOTO

Température
annuelle
moyenne en °C

16

15,6

15,2

14,8

14,4

14

1850   1870   1890   1910   1930   1950   1970   1990   2010

L'effet de serre

L orsque la lumière du soleil traverse la vitre d'une serre, la chaleur qui l'accompagne reste à l'intérieur, retenue par l'épaisseur du verre. La Terre connaît un «effet de serre» assez comparable, à la différence près que ce sont certains gaz de l'atmosphère qui jouent le rôle de la vitre. Cet effet de serre maintient sur la planète une température propice à la vie.

Le problème est que les usines, les centrales électriques et les moyens de transport émettent eux aussi des gaz à effet de serre. Ces gaz en excès augmentent la quantité de chaleur piégée dans l'atmosphère, provoquant ainsi le réchauffement de l'ensemble de la planète.

LES GAZ À EFFET DE SERRE

Le CO_2, ou dioxyde de carbone (résidu de combustion des énergies fossiles), et le méthane (principal composant du gaz naturel, également produit par la décomposition des ordures et la digestion des ruminants) représentent 70 % des gaz à effet de serre dus à l'activité humaine. La durée de vie du CO_2 dans l'atmosphère peut atteindre 200 ans, contre 12 ans pour le méthane.

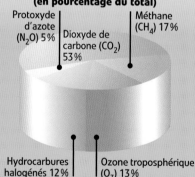

**Gaz à effet de serre
(en pourcentage du total)**

Protoxyde d'azote (N_2O) 5 %

Dioxyde de carbone (CO_2) 53 %

Méthane (CH_4) 17 %

Hydrocarbures halogénés 12 %

Ozone troposphérique (O_3) 13 %

Réfléchissement
Le rayonnement solaire est réfléchi dans l'atmosphère.

Rayonnement solaire
Le rayonnement solaire atteint la surface de la Terre.

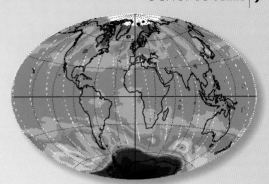

L'énergie solaire

L'énergie du Soleil doit traverser l'atmosphère pour atteindre notre planète. Les terres et les mers en absorbent une partie et réfléchissent le reste vers l'atmosphère (flèches jaunes). Mais l'excès de gaz à effet de serre lié à l'activité humaine piège dans l'atmosphère (flèche rouge) une grande quantité de cette énergie résiduelle qui devrait normalement repartir vers l'espace.

Le trou d'ozone au-dessus de l'Antarctique

La zone violet foncé montre la diminution de la couche d'ozone stratosphérique au-dessus de l'Antarctique. L'ozone absorbe le rayonnement ultraviolet (les UV). Plus la couche d'ozone est mince, plus elle laisse passer d'UV vers la surface terrestre.

Effet miroir de la glace

La glace réfléchit plus de rayonnement que toute autre surface.

Effet de piège

L'énergie et la chaleur, piégées par la couche de gaz à effet de serre, sont renvoyées vers la surface terrestre.

Incroyable !

Il y a 115 ans, le physicien suédois Svante Arrhenius fut le premier à donner l'alarme. Il prévoyait déjà que l'utilisation des énergies fossiles finirait par provoquer le réchauffement climatique.

Émission

Les terres et les mers accumulent la chaleur puis en relâchent une partie dans l'atmosphère.

Les énergies fossiles

L e charbon, le pétrole et le gaz naturel proviennent de la décomposition de matière organique fossilisée, d'où leur nom. Ce sont des végétaux riches en carbone, compressés pendant des milliers d'années par des couches rocheuses très denses, qui donnent naissance au charbon. La formation du pétrole et du gaz obéit au même processus, mais à partir d'organismes marins. Lorsque l'on brûle du charbon, du pétrole ou du gaz, le carbone qu'ils contiennent se répand dans l'atmosphère sous forme de CO_2.

Le transport aérien
Les avions rejettent des tonnes de CO_2 dans les hautes couches de l'atmosphère, là où il se révèle le plus nocif. Ils émettent aussi des oxydes d'azote, responsables des pluies acides.

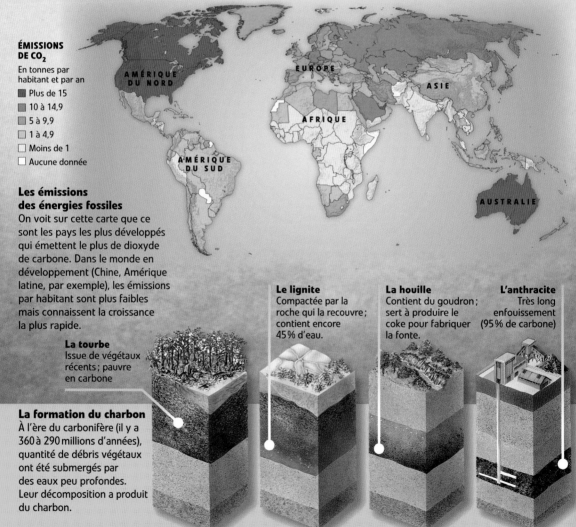

ÉMISSIONS DE CO_2
En tonnes par habitant et par an
- Plus de 15
- 10 à 14,9
- 5 à 9,9
- 1 à 4,9
- Moins de 1
- Aucune donnée

AMÉRIQUE DU NORD

EUROPE

ASIE

AFRIQUE

AMÉRIQUE DU SUD

AUSTRALIE

Les émissions des énergies fossiles
On voit sur cette carte que ce sont les pays les plus développés qui émettent le plus de dioxyde de carbone. Dans le monde en développement (Chine, Amérique latine, par exemple), les émissions par habitant sont plus faibles mais connaissent la croissance la plus rapide.

La tourbe
Issue de végétaux récents ; pauvre en carbone

Le lignite
Compactée par la roche qui la recouvre ; contient encore 45 % d'eau.

La houille
Contient du goudron ; sert à produire le coke pour fabriquer la fonte.

L'anthracite
Très long enfouissement (95 % de carbone)

La formation du charbon
À l'ère du carbonifère (il y a 360 à 290 millions d'années), quantité de débris végétaux ont été submergés par des eaux peu profondes. Leur décomposition a produit du charbon.

Les pluies acides

Les oxydes de soufre et d'azote provoquent des pluies acides, mais aussi des neiges, des brouillards et des grêles acides. L'air pollué par ces gaz dans un pays peut voyager au gré des vents sur des milliers de kilomètres pour retomber sous forme de pluie acide sur un autre pays, peut-être moins pollué lui-même.

Le niveau d'acidité se mesure sur l'échelle pH. Plus le pH est faible, plus l'acidité est élevée. Une pluie de pH inférieur à 5,5 est une pluie acide.

La formation des pluies acides

Les oxydes d'azote sont produits par la combustion des énergies fossiles dans les centrales électriques, les véhicules à moteur, les usines et les habitations. Les oxydes de soufre proviennent des éruptions volcaniques et de la combustion de certaines énergies fossiles. Les pluies acides se forment par réaction de ces gaz avec la vapeur d'eau contenue dans l'atmosphère.

Des forêts qui meurent

Les pluies acides peuvent dévaster des forêts entières. L'acidité dissout les minéraux contenus dans le sol et abîme les feuilles des arbres. Privés de nutriments essentiels, les arbres dépérissent.

Oxydes d'azote des gaz échappement

Oxydes de soufre des éruptions volcaniques

Oxydes d'azote et de soufre des centrales à charbon

Les nuages imprégnés de gaz acides produisent des pluies acides.

Les pluies acides affaiblissent et tuent les arbres.

Les pluies acides polluent les eaux de ruissellement.

Des côtes menacées

L es zones côtières peu élevées ont toujours subi des inondations dues à la conjonction d'une grande marée et d'une tempête. À l'approche d'un cyclone, de forts vents du large provoquent une onde de tempête et une grande marée qui fait monter les eaux bien plus haut qu'une marée haute habituelle.

On pense aujourd'hui que, du fait de l'élévation du niveau des mers et de l'augmentation de phénomènes climatiques extrêmes tels que les cyclones, les inondations vont toucher des régions jusqu'ici épargnées et prendre une ampleur catastrophique dans les zones déjà exposées.

Si le niveau des mers s'élève
Partout dans le monde, des régions côtières et de grandes métropoles seront menacées si le niveau des mers continue de monter.

LÉGENDE
● Grandes villes menacées
▬ Régions côtières menacées

1 Venise

Venise est inondée lorsque la marée dépasse la cote des 110 cm, ce qui se produit quatre fois par an. Son nouveau système de digues mobiles, prévu pour 2014, ne suffira peut-être pas à la protéger des inondations du futur, qui pourraient se répéter jusqu'à 250 fois par an.

2 Les Pays-Bas

Un tiers du territoire des Pays-Bas, qui portent bien leur nom, se trouve en dessous du niveau de la mer, protégé par les digues bâties par l'homme. Comme le montre ce photomontage, la mer submergera les digues si elle monte autant qu'on le prévoit.

3 Le Bangladesh

De 30 à 70 % des terres du Bangladesh sont inondées chaque année. L'élévation du niveau des mers, le réchauffement de 1,4 °C prévu d'ici à 2050, l'augmentation des pluies de mousson et la fréquence accrue des cyclones mettent en péril l'avenir des 147 millions de Bangladais.

4 Les Philippines

Les villageois des côtes philippines construisent leurs maisons sur pilotis pour échapper aux inondations. Mais ces pilotis ne sont pas très solides et ne résistent pas toujours aux ondes de tempête qui accompagnent les cyclones, de plus en plus fréquents dans la région.

5 Tuvalu

Les 11 000 habitants des neuf îles de l'archipel de Tuvalu, dans le Pacifique, cherchent une nouvelle terre d'accueil. Le niveau de la mer est monté de 20 à 30 cm au cours du XXe siècle, et le phénomène se poursuit. L'eau salée contamine les réserves d'eau douce et détruit les récoltes.

6 Shishmaref

L'île de Shishmaref, au large de l'Alaska, est habitée par les Inuits depuis 2 000 ans, mais ils devront bientôt la quitter. La hausse des températures fait fondre le permafrost sur lequel est construit leur village et les glaces de mer qui protégeaient l'île des tempêtes.

La déforestation

Les forêts contribuent à maintenir un équilibre entre les différents gaz de l'atmosphère. Les arbres captent le dioxyde de carbone de l'air et l'utilisent pour leur photosynthèse – d'où l'habitude de comparer les forêts à des « éponges à carbone ». Ils libèrent dans l'atmosphère de l'oxygène et de la vapeur d'eau, ce qui purifie l'air et alimente en eau les nuages de pluie.

Lorsqu'on réduit la surface des forêts, elles libèrent moins d'oxygène et de vapeur d'eau et leurs sols de surface deviennent plus vulnérables à l'érosion. Le défrichage par brûlis dégage de grandes quantités de carbone dans l'air.

Incroyable !

La forêt tropicale amazonienne produit la moitié de la pluie qui l'arrose. Un hectare d'arbres de haute futaie évapore jusqu'à 190 000 litres d'eau par an.

Les nuages se gonflent d'eau.

La rivière évapore de la vapeur d'eau.

Les arbres évaporent de la vapeur d'eau.

Une forêt saine
Malgré le défrichage d'une parcelle, il reste assez d'arbres pour maintenir le cycle de l'eau. Les arbres conservés continuent à capter le dioxyde de carbone dans l'air et à libérer la vapeur d'eau qui produit la pluie.

La zone défrichée ne libère plus de vapeur d'eau.

Le ruissellement des sols envase la rivière.

Une forêt détruite
Il reste trop peu d'arbres pour libérer la vapeur d'eau nécessaire à la pluie. Le sol qui n'est plus fixé par les racines est emporté par le ruissellement des pluies et envase la rivière. L'humus disparaît, le sol s'appauvrit et les récoltes s'effondrent.

AMÉRIQUE
DU NORD

EUROPE

ASIE

OCÉAN
ATLANTIQUE

AFRIQUE

OCÉAN
PACIFIQUE

AMÉRIQUE
DU SUD

OCÉAN
INDIEN

AUSTRALIE

LES FORÊTS DU MONDE
- Étendue de la forêt actuelle
- Étendue de la forêt d'origine

La déforestation de la planète

Près de la moitié des forêts du monde ont disparu depuis 2 000 ans. Autrefois, le déboisement était surtout le fait des bûcherons et des agriculteurs. Aujourd'hui, on abat aussi les forêts pour construire des maisons, des routes, des lignes de chemin de fer, des centrales électriques et des lignes à haute tension.

Le quart des forêts détruites depuis 10 000 ans l'ont été au cours des 30 dernières années.

Moins de vapeur d'eau, moins de pluie

LA FORÊT TROPICALE AMAZONIENNE

La forêt tropicale amazonienne, dont 60 % se trouve au Brésil, est la plus grande forêt tropicale du monde. Grâce à son immense étendue, elle absorbe une proportion importante du dioxyde de carbone rejeté par l'homme. C'est pourquoi sa déforestation contribue au réchauffement climatique.

VÉGÉTATION
- Forêt tropicale
- Zones déboisées
- Autre végétation

Amazone

BRÉSIL

Phénomènes extrêmes

L e changement climatique modifie les équilibres climatiques et accroît la fréquence et l'intensité des phénomènes climatiques extrêmes. Certaines régions du monde doivent s'attendre à subir des cyclones et des typhons plus nombreux et plus dévastateurs dans l'avenir. Les canicules, les sécheresses et les incendies de forêt vont également se multiplier.

Les précipitations – sous forme de pluie et de neige – vont augmenter partout. L'élévation du niveau des mers, combinée avec un renforcement des vents, provoquera davantage d'ondes de tempête et d'inondations.

Les canicules

Le GIEC (Groupe d'experts intergouvernemental sur l'évolution du climat) prévoit une multiplication des canicules, notamment en Europe et en Asie. Le nombre de jours de très forte chaleur en Europe a triplé depuis 1880. Les canicules durent deux fois plus longtemps aujourd'hui qu'il y a 130 ans.

Quelques canicules récentes
Aux États-Unis, des records de chaleur vieux de 118 ans ont été battus lors des canicules de juillet-août 2008 et de juillet 2009. Pendant la canicule européenne de 2003, 35 000 personnes sont mortes de déshydratation, d'épuisement de chaleur, de coup de chaleur et d'autres troubles liés à la chaleur.

L'effet d'îlot de chaleur urbain
Pendant les canicules, la température au cœur des villes excède de 2 à 5 °C celle des zones rurales environnantes : il y a trop peu d'arbres pour fournir de l'ombre et humidifier l'air, tandis que les trottoirs, les chaussées et les bâtiments accumulent plus la chaleur.

La chaleur des pots d'échappement des bus, des camions et des voitures s'ajoute à l'effet d'îlot de chaleur propre aux villes.

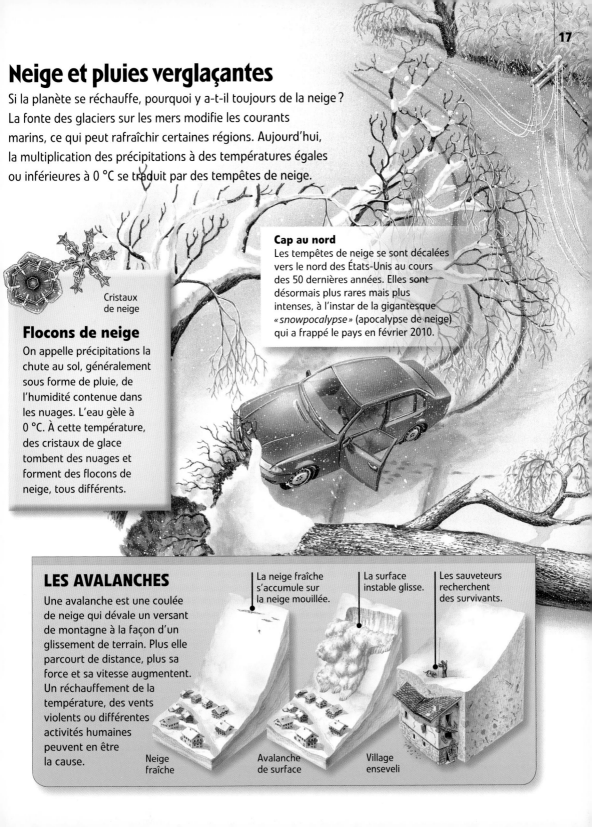

Neige et pluies verglaçantes

Si la planète se réchauffe, pourquoi y a-t-il toujours de la neige ?
La fonte des glaciers sur les mers modifie les courants
marins, ce qui peut rafraîchir certaines régions. Aujourd'hui,
la multiplication des précipitations à des températures égales
ou inférieures à 0 °C se traduit par des tempêtes de neige.

Cristaux
de neige

Flocons de neige

On appelle précipitations la
chute au sol, généralement
sous forme de pluie, de
l'humidité contenue dans
les nuages. L'eau gèle à
0 °C. À cette température,
des cristaux de glace
tombent des nuages et
forment des flocons de
neige, tous différents.

Cap au nord

Les tempêtes de neige se sont décalées
vers le nord des États-Unis au cours
des 50 dernières années. Elles sont
désormais plus rares mais plus
intenses, à l'instar de la gigantesque
« *snowpocalypse* » (apocalypse de neige)
qui a frappé le pays en février 2010.

LES AVALANCHES

Une avalanche est une coulée
de neige qui dévale un versant
de montagne à la façon d'un
glissement de terrain. Plus elle
parcourt de distance, plus sa
force et sa vitesse augmentent.
Un réchauffement de la
température, des vents
violents ou différentes
activités humaines
peuvent en être
la cause.

La neige fraîche
s'accumule sur
la neige mouillée.

La surface
instable glisse.

Les sauveteurs
recherchent
des survivants.

Neige
fraîche

Avalanche
de surface

Village
enseveli

Les inondations

On distingue les inondations côtières, liées aux tempêtes, les inondations fluviales, quand de fortes pluies font déborder les cours d'eau, et les crues subites, dues au gonflement brutal d'un torrent. Les inondations font plus de victimes que toute autre catastrophe naturelle.

Une inondation en Italie
En octobre 2000, le cumul des pluies atteignit 700 mm par endroits sur les reliefs du nord-ouest de l'Italie. Les rivières en crue inondèrent les maisons, obligeant à l'évacuation de 20 000 personnes.

Les causes de la sécheresse

La sécheresse résulte d'un manque de pluie associé à des températures élevées qui favorisent l'évaporation des sols. Elle peut aussi être la conséquence de pluies trop précoces ou trop tardives.

La sécheresse

Une sécheresse est une période prolongée de manque de pluie qui entraîne le dépérissement des récoltes. Ce phénomène n'a rien d'exceptionnel dans nombre de régions du monde, mais il touche aujourd'hui deux fois plus de terres que vers 1970.

EL NIÑO

El Niño est un réchauffement inhabituel des eaux équatoriales du Pacifique. Il se produit tous les deux à sept ans et modifie le climat des régions tropicales des deux hémisphères. Certains attribuent l'augmentation récente de la fréquence et de l'intensité d'El Niño au réchauffement climatique.

Pluie dans le Pacifique Ouest

Les alizés poussent les eaux chaudes vers l'ouest.

Les eaux froides remontent vers la surface.

Pluies torrentielles en Amérique du Sud

Inversion du sens des vents

Les eaux froides ne remontent plus vers la surface.

Conditions normales

Dans les conditions normales, les eaux chaudes de surface, poussées par les alizés de l'Amérique du Sud vers le Pacifique Ouest, apportent la pluie dans le Pacifique Ouest.

Les années El Niño

Pendant les années El Niño, le sens des alizés s'inverse. Des pluies torrentielles s'abattent sur l'Amérique du Sud tandis que la sécheresse sévit dans le Pacifique Ouest.

Les énergies alternatives

Contrairement aux centrales à gaz, à charbon ou à pétrole, certains modes de production de l'électricité n'émettent pas de gaz à effet de serre. Ces énergies alternatives utilisent pour la plupart des ressources renouvelables : le soleil, l'eau, les marées, le vent, ou encore la chaleur du sous-sol. On produit aussi de l'électricité par fission nucléaire ou en brûlant les gaz de fermentation des ordures ménagères.

Pour satisfaire leurs besoins en électricité tout en luttant contre le réchauffement climatique, de nombreux États se tournent vers ces sources d'énergie non polluantes.

L'énergie éolienne

Les pales de ces éoliennes entrent en rotation sous l'effet du vent. Elles ressemblent à des hélices d'avion mais fonctionnent comme des moulins à vent. Un arbre d'entraînement, relié au moyeu des pales, actionne un générateur qui produit de l'électricité.

L'énergie solaire

Dans les centrales et les fermes solaires américaines, des capteurs solaires concentrent la chaleur pour produire de la vapeur qui actionne un générateur. Dans d'autres pays, ce sont des champs de panneaux photovoltaïques qui convertissent directement le rayonnement solaire en électricité.

L'énergie marémotrice

Les turbines sous-marines fonctionnent sur le principe d'une éolienne. Ce sont les mouvements des marées qui produisent de l'électricité en faisant tourner les aubes des turbines. L'eau étant plus dense que l'air, les aubes doivent être plus solides que les pales des éoliennes.

« Le pays qui maîtrisera les énergies propres et renouvelables sera le leader du XXIe siècle. »

BARACK OBAMA, PRÉSIDENT DES ÉTATS-UNIS

L'énergie hydroélectrique

L'eau d'un cours d'eau rapide ou d'une chute est précipitée contre les aubes d'une turbine par une tubulure appelée «conduite forcée». De plus en plus, ce sont des barrages artificiels qui stockent l'eau avant de la relâcher sous pression.

L'énergie nucléaire

Lorsque l'on divise les atomes en particules, par un procédé appelé «fission nucléaire», ils libèrent de l'énergie ou de la chaleur. La fission nucléaire réalisée dans le réacteur d'une centrale nucléaire à l'aide d'un combustible – l'uranium – chauffe de l'eau dont la vapeur actionne une turbine et un générateur qui fabrique de l'électricité.

La première centrale hydroélectrique du monde a été construite il y a près de 130 ans sur un barrage traversant la Fox River, dans l'État américain du Wisconsin.

L'énergie géothermique

L'énergie géothermique est la chaleur contenue dans les profondeurs de la Terre. On l'utilise pour produire de l'électricité ou chauffer les bâtiments. Elle est plus abondante à la frontière des plaques lithosphériques, là où se produisent les séismes et les éruptions volcaniques.

La méthanisation

En se décomposant, les ordures enfouies dans les décharges dégagent du gaz méthane (flèches jaunes ci-dessous). Ce gaz est collecté en profondeur dans la masse d'ordures et conduit vers un générateur où il est brûlé pour produire de l'électricité.

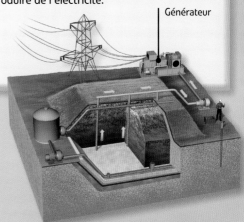

Générateur

À toi de choisir

Les énergies alternatives n'émettent pas de gaz à effet de serre. La plupart d'entre elles sont également durables et renouvelables. Les combustibles fossiles émettent des gaz à effet de serre, prennent des millions d'années à se former et s'épuiseront tôt ou tard. Selon toi, que devrait faire ton pays pour satisfaire ses besoins en énergie dans l'avenir ? À toi de choisir.

Le pétrole

Le pétrole brut est un liquide jaune noirâtre emprisonné dans des gisements souterrains. On l'utilise pour produire de l'électricité et comme carburant. La plupart des États importent tout ou partie du pétrole dont ils ont besoin et les réserves s'épuisent peu à peu.

Les énergies fossiles

La demande mondiale en carburants pour les transports et l'alimentation des centrales ne cesse de croître. Nous sommes devenus dépendants des énergies fossiles et disposons de toutes les techniques et installations nécessaires à leur extraction, mais elles sont dangereuses pour la planète et ne dureront pas toujours.

Le charbon

Le charbon est l'énergie fossile utilisée depuis le plus longtemps. Sa combustion dégage quatre gaz à effet de serre. Le charbon « propre » réduit certaines de ces émissions mais ne les élimine pas.

Les énergies alternatives

Aujourd'hui, les énergies alternatives ne représentent que 7 % de la consommation énergétique des États-Unis et 6 % en France. Plus chères à produire, elles utilisent des technologies encore perfectibles. Il faudra sans doute du temps pour que ce pourcentage augmente significativement. Quelle est donc la solution ?

L'énergie éolienne

La part de l'électricité d'origine éolienne a augmenté progressivement. En France, l'électricité produite par les éoliennes représentait en 2010 2 % de la production totale d'électricité. L'emplacement des éoliennes doit être choisi avec soin pour que le vent souffle sur les pales en permanence ou presque.

L'énergie nucléaire

L'énergie nucléaire peut produire de grandes quantités d'électricité et n'émet pas de gaz à effet de serre. L'accumulation de déchets restant très longtemps dangereux et radioactifs, le risque d'accident et l'utilisation d'uranium, ressource non renouvelable, sont ses principaux inconvénients.

Le gaz naturel

En brûlant, le gaz naturel émet moins de carbone, de soufre et d'azote que d'autres carburants fossiles, mais il dégage tout de même du dioxyde de carbone. Son composant principal est le méthane, qui fait partie des gaz à effet de serre.

L'énergie solaire

L'énergie solaire est une ressource durable et renouvelable, mais la quantité de rayonnement solaire qui atteint un endroit donné n'est pas constante. Pour en capter suffisamment, il faut déployer des surfaces importantes de cellules photovoltaïques ou de capteurs thermiques.

Le recyclage des ordures

Pour ne pas crouler sous les déchets, pensons aux trois R : réduire, réutiliser, recycler. Réduire notre consommation d'emballages. Réutiliser ceux qui peuvent l'être. Puis seulement alors, les recycler.

Jeter des déchets recyclables à la poubelle produit des montagnes d'ordures qu'il faut incinérer, ce qui dégage du CO_2, ou enfouir dans des décharges, ce qui dégage du méthane.

LE RECYCLAGE DU VERRE

Le verre se prête parfaitement au recyclage parce qu'on peut le réutiliser de nombreuses fois. Pour chaque tonne de verre recyclée et transformée en produits neufs, ce sont 225 kg de CO_2 que l'on évite de rejeter dans l'atmosphère.

Tri des différentes sortes de verre dans une usine de recyclage

La bouteille en plastique

Matière inorganique, le plastique n'est pas biodégradable : il ne se décompose pas. Les bouteilles en plastique représentent un grave problème pour l'environnement. Voici trois façons de s'en débarrasser.

1re OPTION

De 5 à 6 milliards de bouteilles d'eau en plastique comme celle-ci sont vendues chaque année en France (environ 170 000 t de plastique).

2e OPTION

La poubelle
Dans le monde développé, on jette à la poubelle de 2 à 3 kg de déchets par jour et par habitant. Les deux tiers des bouteilles en plastique finissent dans des décharges plutôt que d'être recyclées.

Les décharges
De vastes superficies de terres sont transformées en immenses décharges malodorantes et très chères à entretenir. Si l'on cesse de jeter les bouteilles en plastique à la poubelle, les décharges occuperont moins d'espace.

La décomposition
Une bouteille en plastique met environ 450 ans à se décomposer.

La collecte
Il existe dans beaucoup d'endroits des tournées régulières de ramassage des bouteilles en plastique. Quand ce n'est pas le cas, on peut les déposer dans des bennes spéciales ou les apporter à la déchetterie.

Le conteneur à recyclage
Sur le fond des bouteilles en plastique, on peut lire un chiffre au centre d'un triangle. Les chiffres 1 (PET) et 2 (PEHD) signifient que la bouteille est recyclable.

Le tri
Les bouteilles sont triées par type de plastique dans un centre de tri. Les bouteilles recyclables en PET et en PEHD sont séparées les unes des autres. Celles en PVC (non recyclables) sont mises à part.

Le conditionnement en balles
Une fois triées, les bouteilles en plastique sont conditionnées en balles rigides, plus faciles à manipuler et à transporter que des bouteilles en vrac.

3e OPTION
Consommer l'eau du robinet, beaucoup moins chère, d'une grande qualité ; elle supprime le problème des bouteilles en plastique.

La transformation en produits neufs
Les paillettes propres partent dans des usines de recyclage où elles sont fondues et incorporées dans la fabrication de nouveaux produits en plastique ou textiles.

La régénération
Les ouvriers d'une unité de régénération broient les balles en paillettes. Ces paillettes sont d'abord lavées pour éliminer toute trace de saleté, de graisse ou d'étiquettes, puis séchées.

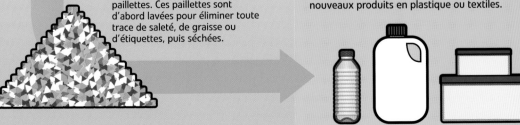

Ralentir le réchauffement

S ur la totalité des émissions de dioxyde de carbone dues aux activités humaines, 41 % proviennent de l'industrie (usines et centrales électriques), 22 % des transports et 33 % de l'habitat (énergie de chauffage, de cuisson, etc.). Une maison conçue pour économiser l'énergie et équipée d'appareils à faible consommation rejette également moins de gaz à effet de serre.

Il existe aujourd'hui des architectes et des constructeurs spécialisés dans l'habitat écologique à faible consommation d'énergie. Grâce au choix des matériaux, à une isolation poussée et à des modes de chauffage innovants, les maisons dites « à énergie passive » ne consomment presque pas d'énergie pour leur chauffage.

La maison écologique

Une maison écologique est conçue pour consommer le moins possible d'énergie et d'eau. Pomper, traiter et distribuer l'eau requiert de l'énergie. L'économiser et la recycler, c'est aussi économiser l'énergie et réduire l'empreinte carbone de la maison.

Double vitrage
Les fenêtres à double vitrage isolent du froid en hiver.

Séchage du linge
Faire sécher le linge au grand air et au soleil plutôt que dans un sèche-linge ne consomme aucune énergie.

Compostage
L'herbe de la tonte, les épluchures et les coquilles d'œuf produisent du compost.

Canalisations d'eaux grises
L'eau d'évacuation de la douche et des lavabos alimente les robinets du jardin.

Recyclage
Séparer les déchets recyclables des déchets ultimes réduit les émissions de méthane des décharges.

Se déplacer sans polluer
Un vélo n'émet pas de gaz à effet de serre et une voiture électrique ou hybride en émet très peu.

Citerne d'eau de pluie
Récupérer l'eau de pluie pour arroser le jardin permet d'économiser l'eau potable.

La consommation des appareils en veille représente 5 % des émissions de gaz à effet de serre d'une maison.

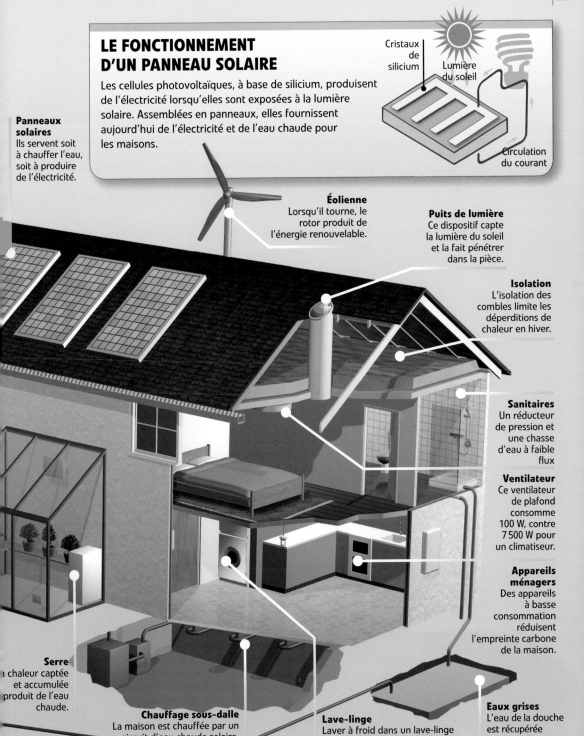

LE FONCTIONNEMENT D'UN PANNEAU SOLAIRE

Les cellules photovoltaïques, à base de silicium, produisent de l'électricité lorsqu'elles sont exposées à la lumière solaire. Assemblées en panneaux, elles fournissent aujourd'hui de l'électricité et de l'eau chaude pour les maisons.

Cristaux de silicium

Lumière du soleil

Circulation du courant

Panneaux solaires
Ils servent soit à chauffer l'eau, soit à produire de l'électricité.

Éolienne
Lorsqu'il tourne, le rotor produit de l'énergie renouvelable.

Puits de lumière
Ce dispositif capte la lumière du soleil et la fait pénétrer dans la pièce.

Isolation
L'isolation des combles limite les déperditions de chaleur en hiver.

Sanitaires
Un réducteur de pression et une chasse d'eau à faible flux

Ventilateur
Ce ventilateur de plafond consomme 100 W, contre 7 500 W pour un climatiseur.

Appareils ménagers
Des appareils à basse consommation réduisent l'empreinte carbone de la maison.

Serre
La chaleur captée et accumulée produit de l'eau chaude.

Chauffage sous-dalle
La maison est chauffée par un circuit d'eau chaude solaire.

Lave-linge
Laver à froid dans un lave-linge à hublot est plus écologique.

Eaux grises
L'eau de la douche est récupérée et réutilisée.

En savoir plus

L e temps, c'est la température et les précipitations constatées un jour donné en un lieu donné. Le climat, c'est la moyenne du temps qu'il fait sur une longue période. Pour en mesurer les variations, les experts ont besoin de relevés météorologiques précis et aussi anciens que possible. Depuis 1880, l'observation météorologique (jadis à partir de stations terrestres, aujourd'hui aussi depuis des satellites) est coordonnée à l'échelle mondiale.

ORAGES

2 **Plus grand nombre de jours d'orage**
322 jours par an en moyenne à Bogor, (ouest de Java, Indonésie)

3 **Plus grand nombre d'impacts de foudre**
158 impacts annuels par kilomètre carré près de Kifuka (République démocratique du Congo)

4 **Grêlon le plus lourd**
1,02 kg, tombé le 14 avril 1986 à Gopalganj (Bangladesh)

5 **Grêlon le plus gros**
47,62 cm de circonférence, tombé le 22 juin 2003 à Aurora (Nebraska, États-Unis)

Incroyable !

Le Central England Temperature Record enregistre les températures mensuelles depuis 1659 et les températures quotidiennes depuis 1772. Il s'agit des plus anciennes archives de températures du monde.

VITESSE DU VENT

1 **Record terrestre de vitesse du vent**
372 km/h à l'observatoire du mont Washington (New Hampshire, États-Unis)

L'endroit le plus sec
Situé majoritairement dans les Andes, le désert chilien d'Atacama est l'endroit où il pleut le moins au monde, mais aussi l'un des déserts les plus froids.

L'endroit le plus arrosé

Le village de Mawsynram, dans l'État indien du Meghalaya, détient le record mondial de la pluviométrie, devant la ville voisine de Cherrapunji. Les pluies torrentielles s'y concentrent pendant la mousson, d'avril à octobre.

PRÉCIPITATIONS

9 **Plus forte pluviométrie annuelle moyenne**
11 849 mm à Mawsynram (Meghalaya, Inde)

10 **Plus fortes précipitations en 24 heures**
1 825 mm, du 7 au 8 janvier 1966 à Foc-Foc (île de La Réunion, océan Indien)

11 **Plus faible pluviométrie annuelle moyenne**
Certains endroits du désert chilien d'Atacama n'ont pas reçu de pluie depuis 400 ans.

12 **Plus fortes chutes de neige en 24 heures**
1 930 mm, du 14 au 15 avril 1921 à Silver Lake (Colorado, États-Unis)

TEMPÉRATURES

6 **Record mondial de chaleur**
57,8 °C, le 13 septembre 1922, à Al Azizyah (Libye)

7 **Record mondial de froid**
– 89,2 °C, le 21 juillet 1983, sur la base de Vostok (Antarctique)

8 **Plus forte différence de température en 24 heures** De 6,7 °C à – 49 °C, du 23 au 24 janvier 1916, à Browning (Montana, États-Unis)

L'endroit le plus froid

C'est à Vostok, station antarctique construite en 1957 près du pôle Sud géomagnétique, qu'a été enregistrée la température terrestre la plus basse. Aucune vie ne se développe dans ces conditions extrêmes.

Glossaire

capteur solaire

miroir ou lentille permettant de capter le rayonnement solaire et de le concentrer afin de chauffer de l'eau à la température voulue pour produire de la vapeur. Un générateur électrique transforme alors cette vapeur en électricité.

cellule photovoltaïque

cellule qui convertit directement le rayonnement solaire en électricité.

charbon propre

technologie permettant de réduire les émissions polluantes de la combustion du charbon.

conduite forcée

conduite ou tubulure propulsant l'eau d'un cours d'eau, d'un réservoir ou d'un barrage vers une turbine ou une roue à aubes.

crue subite

inondation violente et soudaine qui dévale les pentes vers des zones plus basses après de fortes pluies ou la rupture d'un barrage sur les hauteurs.

dendrochronologie

méthode de datation des arbres fondée sur l'étude des cernes de croissance du bois.

dioxyde de carbone (CO$_2$)

gaz inodore constitué d'un atome de carbone et de deux atomes d'oxygène.

effet de serre

phénomène naturel de réchauffement de la Terre provoqué par certains gaz de l'atmosphère qui retiennent dans les basses couches de l'atmosphère la chaleur du rayonnement solaire.

El Niño

courant chaud de surface circulant dans la zone équatoriale du Pacifique, au large de la côte ouest de l'Amérique du Sud.

empreinte carbone

impact environnemental d'un individu, d'un bâtiment ou d'une entreprise, mesuré en volume de dioxyde de carbone rejeté dans l'atmosphère.

énergie géothermique

énergie produite par la chaleur accumulée dans les profondeurs de la Terre.

énergies fossiles

hydrocarbures formés par la décomposition d'organismes végétaux et animaux compressés sous les couches rocheuses pendant des millions d'années.

éponge à carbone

réservoir naturel ou artificiel qui absorbe le CO$_2$ de l'atmosphère et le stocke durablement.

fission nucléaire

fractionnement des atomes dans le but de libérer de l'énergie.

gaz à effet de serre

gaz qui absorbent et retiennent dans l'atmosphère le rayonnement infrarouge du Soleil.

maison écologique

maison à faible consommation d'eau et d'énergie qui produit peu de déchets, de polluants et d'oxyde de carbone.

méthane

le plus simple des hydrocarbures, formé par la décomposition de matière organique en l'absence d'oxygène.

onde de tempête

élévation anormale du niveau de la mer due aux forts vents qui accompagnent un cyclone.

organique

décrit ce qui provient d'un organisme vivant (animal ou végétal) ou de sa décomposition et qui contient souvent du carbone.

oxyde d'azote

gaz contenant de l'azote et de l'hydrogène en proportions variables et dont certains sont toxiques.

oxyde de soufre

gaz émis par la combustion de matières contenant du soufre (charbon ou pétrole, par exemple) et par certaines activités industrielles, comme la fonderie.

permafrost

sol des régions arctiques et antarctiques qui demeure en permanence gelé en profondeur.

pluie acide

pluie chargée d'acides qui se forment par réaction des oxydes de soufre et d'azote avec la vapeur d'eau de l'atmosphère.

précipitations

eau présente sous forme de vapeur d'eau dans les nuages et qui retombe sur terre sous forme de pluie, de neige, de neige fondue ou de grêle.

rayonnement ultraviolet

rayonnement de forte intensité dont la longueur d'onde est plus courte que celle de la lumière visible.

réchauffement climatique

période prolongée d'augmentation de la température moyenne de l'atmosphère terrestre qui provoque des modifications du climat de la planète.

ressource durable

ressource naturelle utilisée de façon maîtrisée afin de préserver la qualité et la quantité des réserves disponibles.

ressource renouvelable

ressource naturelle qui se reconstitue et redevient rapidement disponible une fois consommée.

ruissellement des sols

phénomène de «lessivage» (en cas de fortes pluies ou d'inondations, par exemple) qui entraîne les particules du sol vers les cours d'eau.

turbine

dispositif constitué d'une série d'aubes ou pales fixées sur un axe appelé arbre qui entre en rotation grâce à la poussée exercée sur les pales par l'eau, le vent ou la vapeur d'eau.

uranium

élément métallique naturel d'aspect argenté, radioactif et hautement toxique, utilisé comme combustible dans les centrales nucléaires et dans la fabrication des armes nucléaires.

voiture hybride

automobile utilisant deux types d'énergie ou plus ; par exemple, une automobile dotée à la fois d'un moteur à essence et d'un moteur électrique.

Index

A
alizés 19
archives du climat 6
avalanche 17

C
canicule 6, 16
capteur solaire 20
charbon 7, 10, 11, 20, 22
     propre 22
changement climatique 6
climat 6, 7, 9, 19, 28
crue subite 18
cyclone 6, 13, 16

D
décharge 21, 24, 26
déforestation 14, 15
dioxyde de carbone 8, 10, 14, 15,
     23, 26

E
eaux grises 26, 27
empreinte carbone 26, 27
énergie solaire 9, 20, 23
énergies alternatives 20, 22, 23
énergies fossiles 7, 8, 9, 10, 11,
     22
éolienne 20, 23

F
fission nucléaire 21

G
gaz à effet de serre 8, 20, 22, 23,
     26
gaz naturel 8, 10, 23

I
îlot de chaleur urbain 16
incendie 16
inondation 6, 12, 13, 16, 18

M
maison écologique 26
marée 12, 20
méthane 8, 21, 23, 24, 26

N
neige 11, 16, 17
Niño, El 19
niveau de la mer 6, 12, 13, 16

O
onde de tempête 12, 13,
     16, 18
ozone 8, 9

P
panneau solaire 27
pétrole 7, 10, 20, 22
phénomènes climatiques
     extrêmes 6, 12, 16

plastique 24, 25
pluie 6, 11, 13, 14, 17, 18, 19, 29
     de mousson 13
     verglaçante 17
pluies acides 11
précipitations 16, 17, 28

R
réchauffement climatique 6, 9,
     15, 19, 20
recyclage 24, 25, 26

S
sécheresse 6, 16, 19

T
température 6, 7, 8, 13, 16, 17,
     28, 29
turbine 20, 21

U
uranium 21, 23

V
vent 12, 16, 17, 20, 26, 27, 28

Crédits et remerciements

Abréviations : hc = haut centre ; hd = haut droite ; cg = centre gauche ;
c = centre ; cd = centre droite ; bg = bas gauche ; bc = bas centre ; bd = bas
droite ; ap = arrière-plan
CBCD = Corbis PhotoDisc ; CBT = Corbis ; GI = Getty Images ; iS = istockphoto.
com ; N = NASA ; SH = Shutterstock ; TF = Topfoto

Intérieur : 2–3ap GI ; **6**cg GI ; **6–7**ap CBCD ; **7**bc GI ; **8–9**ap GI ; **9**hd N ; **10**ap, hg
iS ; **11**hd iS ; **12**bd, cg iS ; **12–13**ap iS ; **3**cg, cd, hd CBT ; hg TF ; **16**ap, cd iS ; cg
SH ; **19**ap iS ; **20**ap iS ; bg, cd SH ; **21**ap, cg, cd iS ; bg SH ; **22**bc CBT ; c iS ; cd
SH ; **22–23**ap iS ; **23**hd iS ; bd, c SH ; **24**bg TF ; **27**hd GI ; **28**bd iS ; bg, hd CBCD ;
29hc CBT ; bg iS ; hd iS ; bc TF ; **30–31**ap CBCD
Couverture : illustration © Weldon Owen Pty Ltd sauf **1ᵉʳ plat** hd Shutterstock.

Autres illustrations © Weldon Owen Pty Ltd. **24–25, 31**bd Lionel Portier